Jacques Tshilumba Shambuyi

La Plainte

Jacques Tshilumba Shambuyi

La Plainte

Le Prophète et le Peuple

Éditions Croix du Salut

Imprint
Any brand names and product names mentioned in this book are subject to trademark, brand or patent protection and are trademarks or registered trademarks of their respective holders. The use of brand names, product names, common names, trade names, product descriptions etc. even without a particular marking in this work is in no way to be construed to mean that such names may be regarded as unrestricted in respect of trademark and brand protection legislation and could thus be used by anyone.

Cover image: www.ingimage.com

Publisher:
Éditions Croix du Salut
is a trademark of
Dodo Books Indian Ocean Ltd., member of the OmniScriptum S.R.L Publishing group
str. A.Russo 15, of. 61, Chisinau-2068, Republic of Moldova Europe
Printed at: see last page
ISBN: 978-620-3-84206-7

LA PLAINTE

Jacques Tshilumba

LA PLAINTE

PREFACE

PREFACE

Il n'est ni facile, ni aisé d'aborder un sujet aussi complexe que celui de la « **PLAINTE** » ; sachant que l'homme est un être à la fois spirituel qu'émotionnel et social. Le fait de se plaindre, c'est-à-dire se lamenter ou gémir fait partie de sa vie quotidienne.

Cet ouvrage que j'ai l'insigne honneur de recommander la lecture à tous, à savoir : les croyants et les non croyants, traite de la « **PLAINTE** ».

Cependant, il sied de distinguer la plainte qu'un homme ou une femme formule vis à vis d'un tiers, et celle adressée au Dieu Créateur !

La plainte contre Dieu et la plainte devant Dieu sont également à distinguer !

L'auteur du présent livre, nous édifie principalement au sujet de la plainte contre Dieu, par des gens, non conscients des conséquences de leurs péchés, qui s'évertuent à se plaindre contre le Créateur du ciel et de la terre, comme si Celui-ci constitue la cause de leur malheur !

C'est pour cette raison que Jérémie, pris comme personnage principal de cet écrit, exhorte ses contemporains, en lançant cet appel : « *Couvrez-vous de sacs, pleurez et gémissez, car la colère ardente de l'Eternel ne se détourne pas de nous.* » Jérémie 4 :8.

J'ai eu la grâce de rencontrer le Pasteur **Jacques TSHILUMBA** au cours de l'année 1997, alors qu'il suivait la formation biblique au Centre de Perfectionnement pour le Ministère (**C.P.M.**) à Kinshasa.

Fils du feu papa **KAJINGULU LUMBAYI**, à l'époque fiancé à Naomie, devenue par la suite sa chère épouse et mère de ses enfants, Jacques s'appelait bien **Jacques TSHILUMBA SHAMBUYI**.

Cela veut dire que c'est mon fils que je connais de près et que je porte dans mon cœur.

Que ce livre contribue à l'édification du peuple de Dieu et à un appel à la conversion de plusieurs âmes perdues.

Apôtre Bertin KADIMA

DEDICACE ET REMERCIEMENTS

DEDICACE ET REMERCIEMENTS

Je dédie ce livre à l'Église corps de Christ; constituée de tous les enfants de Dieu pour leur édification, conformément à la mission que le Seigneur m'a confié.

Je le dédie aussi à tous mes enfants dans la foi, plus particulièrement au peuple de Dieu de l'Assemblée Chrétienne **BATIR SUR LE ROC**; sur lequel Dieu m'a établi comme pasteur.

Je remercie l'Éternel Dieu, le Père de notre Seigneur Jésus-Christ, qui m'a appelé pour le servir dès ma jeunesse ; et qui, par le Saint-Esprit m'a enseigné et m'a inspiré d'écrire cet ouvrage.

Tous mes remerciements aux membres de ma famille biologique; à mes enfants, et à mon épouse **NAOMIE MABU** qui sont d'un grand soutien pour moi.

Mes remerciements également à l'apôtre **BERTIN KADIMA**, qui est un père pour moi et qui a beaucoup contribué par ses conseils dans ma vie et dans l'exercice de mon ministère.

Mes remerciements au pasteur **SYLVANUS MULOWAYI**, pour m'avoir encouragé d'écrire ce livre; en suivant mes enseignements sur notre chaîne You Tube **BATIR TV**, les extraits de mes messages sur mes statuts Whatsapp, lui qui m'incitait souvent à le faire par écrit, Et me rappelait toujours les périodiques **BATIR SUR LE ROC** que j'ai écrit et publié pendant trois années, partant de l'an 2000 à 2002. Qu'il trouve donc ici, l'expression de ma reconnaissance, pour son apport dans la réalisation de cet ouvrage.

Mes remerciements à tous ceux qui ont contribué au développement de mon ministère par la diffusion de mes enseignements, par l'audiovisuel et le multimédia; Je pense au pasteur **GABRIEL MALOBA** qui a produit et diffusé les émissions avec moi dans son programme télévisé **discours d'affermissement,** au Pasteur **ZACHARIE KABENGELE**, au Pasteur **FREDDY YUMBA** qui ont été une bénédiction et d'un grand soutien dans la propagation de l'évangile selon la mission que Dieu nous a assignée.

Et mes remerciements anticipés à tous ceux qui liront ce livre ainsi qu'à ceux qui faciliteront sa distribution.

Comme il est écrit dans l'épître de 3 Jean 1:13; Avec l'encre et la plume il est difficile de remercier tout le monde et de tout dire. Que tous ceux qui ont participé d'une manière ou d'une autre à la rédaction de ce livre, trouvent par ces mots, notre gratitude.

Que mon Dieu vous bénisse, au nom de notre Seigneur Jésus-Christ.

INTRODUCTION

INTRODUCTION

Dans le présent tableau, nous aimerions partager un sujet non moins important sur la plainte d'un homme contre Dieu. Et dans le cas précis, nous avons pris celui d'un des grands prophètes. Il s'agit ici du Prophète Jérémie.

Jérémie qui était véritablement un homme de Dieu, qui ne pouvait être corrompu, ni par l'argent, ni par la flatterie, nous fait penser à Christ dans son ministère public et à Paul à Athènes, qui ne pouvait pas rester insensible au péché et à la folie de ses contemporains.

« Comme Paul les attendait à Athènes, il sentait au dedans de lui son esprit s'irriter, à la vue de cette ville pleine d'idoles. » Actes 17 :16

Il discernait avec une profonde amertume le lien inexorable entre le mal et la punition ; d'où pour Jérémie, l'exil serait le jugement inévitable, si jamais le peuple ne pouvait se repentir.

L'expression « *N'est-ce pas de la volonté du Très Haut que viennent les maux et les biens?* » utilisée dans lamentations 3 :38, a le sens des difficultés et non du mal moral. Et dans un esprit prophétique, le prophète Jérémie s'identifie à ses compatriotes et les supplie à revenir à Dieu, par la réconciliation avec lui.

« *Recherchons nos voies et sondons, et retournons à l'Éternel; élevons nos cœurs et nos mains vers Dieu qui est au ciel: Nous avons péché, nous avons été rebelles! Tu n'as point pardonné!* » Lamentations 3 :40-42

A partir du verset 43, jusqu'au verser 54 du même chapitre des Lamentations, c'est le sentiment d'abandonner qui précède généralement toute conversion authentique qui est décrite ici par l'auteur.

En conclusion, en s'identifiant à son peuple, dans un examen de conscience spirituelle, Jérémie visait un seul objectif : ne pas prendre plaisir à une vie de péché (ni pour lui-même, ni pour son peuple) ; mais revenir à Dieu, obéir à sa Parole.

« *J'ai invoqué ton nom, ô Éternel, Du fond de la fosse. Tu as entendu ma voix: Ne ferme pas l'oreille à mes soupirs, à mes cris! Au jour où je t'ai invoqué, tu t'es approché, Tu as dit: Ne crains pas! Seigneur, tu as défendu la cause de mon âme, Tu as racheté ma vie.* » Lamentation 3 :55-58

Pour lui, c'était une prière d'intercession mêlée d' une lamentation, alors que devant Dieu, c'était pratiquement une plainte ou une doléance.

La Bible déclare : « *N'est-ce pas de la volonté du Très Haut que viennent les maux et les biens? Pourquoi l'homme vivant se plaindrait-il? Que chacun se plaigne de ses propres péchés.* » Lamentations 3 :38-39

Les deux versets sont révélateurs. Non seulement que les gens se plaignent pour les maux, mais aussi qu'ils se plaignent pour les biens. Cependant, ici le Seigneur Dieu demande au Prophète Jérémie de se plaindre de ses propres péchés.

Le Seigneur Dieu ne nous permet pas de nous plaindre des maux et même pas des biens. Car tout vient de lui.

C'est de Sa volonté que viennent les biens pour notre récompense et les maux comme conséquence du péché.

Et à ce sujet, il y a des gens qui se plaignent de bonnes choses que Dieu leur donne pendant que nous sommes encore dans ce corps charnel. Par exemple :

Il y a des parents qui se plaignent sur le type d'enfants que Dieu leur a donné. D'autres, après avoir longtemps souffert, n'acceptent pas le travail qui leur manquait pendant des années.

Dieu te donne un mari, au lieu de le remercier, tu te mets à te plaindre. Il te donne une famille, tu continues à te plaindre alors qu'il y a beaucoup de gens qui ont perdu les leurs et qui sont restés sans famille et sans proches.

Dans le livre d'Amos il est écrit ceci : « *Sonne-t-on de la trompette dans une ville, sans que le peuple soit dans l'épouvante? Arrive-t-il un malheur dans une ville, sans que l'Éternel en soit l'auteur?* » Amos 3 :6

En nous référant à Jérémie 5 :10-12, nous voyons que ce peuple qui prétendait appartenir au Seigneur (comme aux chapitres 3 et 4), était tenté de croire que Dieu fermerait les yeux sur ses péchés. Cependant au verset 10, le Seigneur lui a ouvertement dit : « *Enlevez ses ceps qui n'appartiennent pas à l'Eternel.* »

Dans sa souveraineté, rien ne pourra se produire sur la terre sans que Dieu en soit l'Auteur. C'est lui qui donne et celui qui arrache toute chose.

Arrêtons de nous plaindre devant Dieu face au malheur qui nous arrive. Bien au contraire, plaignons-nous de nos propres péchés.

Le Prophète Jérémie était un homme que Dieu a puissamment utilisé en son temps, mais un jour, sa prière avait la forme d'une plainte devant Dieu, à cause du péché de son peuple.

En fait, les gens qui aiment Dieu se cachent dans une prière comme celle de supplication et d'adoration, alors qu'en réalité ils se plaignent contre Dieu. C'est comme du café au lait. Ce n'est ni du café, ni du lait ; mais du café au lait.

Pourquoi le Prophète Jérémie s'était-il plaint ?

La réponse à cette question est capitale et j'aimerais percer le tunnel, et m'accrocher à la prise de position de Dieu.

La réponse à cette question a deux volets :

- A cause de la ruine de Jérusalem
- Il a comparé la gloire d'autrefois à la misère actuelle. Ainsi a-t-il exprimé sa souffrance et sa détresse.

« *C'est pourquoi ainsi parle l'Éternel: Si tu te rattaches à moi, je te répondrai, et tu te tiendras devant moi;*

Si tu sépares ce qui est précieux de ce qui est vil, tu seras comme ma bouche. C'est à eux de revenir à toi, Mais ce n'est pas à toi de retourner vers eux. » Jérémie 15.19

Cet homme de Dieu se plaignait au lieu de pleurer sur ses propres péchés et Dieu nous révèle ce qu'il devrait réellement faire:

- Se rattacher à Dieu,
- Séparer ce qui est précieux de ce qui est vil.

Se plaindre, c'est pratiquement se détacher de Dieu et s'enfoncer dans une crevasse. Et se plaindre de ses propres péchés, nous rapproche de Dieu pour une réconciliation et une restauration. C'est à nous de revenir vers Dieu car, lui a déjà fait sa part!

Rattacher, c'est remettre en place ce qui a été détaché.

Et en nous rattachant à Dieu, il nous répondra et nous pourrions nous tenir debout devant lui. Car nous revenons dans sa sainte présence.

En séparant ce qui est précieux de ce qui est vil, Dieu fera de notre bouche la Sienne. Elle sera pleine de vérité et de Sa crainte.

Et pour trouver une réponse devant Dieu, il faudra se rattacher, c'est à dire rentrer dans Sa présence.

Ce n'est pas en s'attachant aux hommes que nous obtiendrons notre réponse de la part de Dieu.

« *Ainsi parle l'Éternel: Maudit soit l'homme qui se confie dans l'homme, qui prend la chair pour son appui, et qui détourne son cœur de l'Éternel!* » Jérémie 17 :5

Nous devrions revenir à Dieu pour obtenir de Lui la réponse à nos problèmes.

S'attacher à Dieu, c'est être en communion avec Lui et mettre Sa Parole en pratique.

« *Si vous demeurez en moi, et que mes paroles demeurent en vous, demandez ce que vous voudrez, et cela vous sera accordé.* » Jean 15 :7

Demeurons attachés à Dieu sans nous en détacher quelques soient les maux et les biens.

Il n'y a pas que le malheur qui détache les gens de Dieu. De fois la bénédiction peut aussi détacher certaines personnes de Dieu, comme dans le cas de l'enfant prodigue.

Au lieu de nous plaindre de quoi manger, de quoi boire ou de quoi nous habiller, plaignons-nous de nos propres péchés et cela nous rapprochera davantage de Dieu.

Renonçons au mal ainsi qu'aux mauvaises choses et rattachons-nous à Dieu car si nous nous écartons de lui, il nous sera difficile d'obtenir la réponse attendue de Sa part.

Les plaintes et les murmures nous éloignent de Dieu, alors que si nous restons attachés à Lui, en nous plaignant de nos propres fautes, nous nous tiendrons debout devant lui et il fera de notre bouche, la Sienne.

Nous prendrons du temps pour ne plus nous plaindre contre le bien et contre le mal, mais plutôt de nous plaindre de nos propres péchés car notre Dieu et notre Père Céleste a déjà fait Sa part.

L'Auteur

CHAPITRE 1

CHAPITRE 1

APERCU HISTORIQUE ET EXEGETIQUE

SIGNIFICATION

- Le titre de ce livre de Jérémie en Hébreux est "ECAH", qui signifie "COMMENT". Voir chap. 1 :1; 2 :1; 4.1

La version "Les Septante" l'ont appelé "les chants funèbres", d'où le titre "Lamentations".

- Une plainte signifie gémissement qui exprime une douleur (1 Samuel1:16; Job 9:27). Et se plaindre signifie se lamenter, gémir.

APPEL DE JEREMIE

Dieu a appelé Jérémie à exercer son ministère prophétique pendant une période critique, où la nation était en rébellion contre lui et se confiait dans les alliances politiques pour être délivrée de ses ennemis.

D'où sa mission a consisté à inciter le peuple à se repentir de ses péchés et l'avertir du châtiment qu'il allait subir pour avoir rejeté Dieu et sa loi.

CHAPITRE 2

CHAPITRE 2

LA PLAINTE CONTRE DIEU

Chacun de nous devra bien se plaindre de ses propres péchés, car toute action est d'abord individuelle avant de devenir une affaire collective !

Tout ce que nous faisons dans notre marche avec le Seigneur a pour base notre foi en Dieu!

Nous ne devons pas compter sur les hommes. Nous devons placer notre foi en Dieu. Et chaque fois que nous baissons la garde et que nous commençons à nous plaindre devant Dieu, nous nous écartons de lui sans le savoir. (Romains 15 :1-2 ; Galates 6 :1-2)

Nous devrions nous plaindre, chacun à cause de ses propres péchés, car ceux-ci créent un gouffre entre Dieu et nous. Le problème n'est pas la famille, l'église locale, la société ou le prochain. Le nœud du problème c'est chacun de nous, seul devant Dieu.

Le problème réside en ta propre relation avec Dieu !

C'est de Dieu que viennent les maux et les biens. Et Dieu dans sa souveraineté, nous demande de nous plaindre de nos propres péchés.

Tel fut le cas du prophète Jérémie qui se plaignait à cause du péché du peuple devant lui.

Celui qui se plaint contre Dieu se détache de lui, alors que celui qui se plaint de ses propres péchés revient pour se rattacher à lui. Et pour changer sa situation, il fallait que le prophète retourne vers Dieu.

En nous plaignant d'une manière ou d'une autre, nous nous détachons de Dieu progressivement.

C'est ainsi que Dieu lui dira de se rattacher à lui afin qu'il puisse lui répondre. Et s'il y a un lecteur qui a besoin en ce moment d'une réponse de la part Dieu, je l'exhorte à se rattacher au Seigneur afin qu'il reçoive de sa part une réponse positive.

Nombreux croient qu'en s'attachant aux hommes, ils auront des solutions. Oui, ça peut tenir ou réussir une fois ou deux, mais pas toujours.

Mais celui qui s'attache à Dieu aura sa réponse au niveau spirituel, physique, matériel, financier et même émotionnel.

A chacun de nous de faire le bon choix !

Les hommes sont limités dans un domaine de la vie ou dans un autre. Alors notre Dieu nous soutient par notre foi et notre espérance en sa Parole!

Dieu recommanda à Job de s'attacher à lui, afin qu'il lui annonce des merveilles. Celui qui est attaché à Dieu, c'est celui qui met en pratique la Parole de Dieu, c'est celui qui est en communion avec Dieu et qui marche selon la Parole de Dieu.

Restons attachés à Dieu quels que soient les temps et les circonstances que nous traversons. Et il n'y a pas que la malédiction qui détache les gens de Dieu.

Comme susmentionné, c'est du Tout-Puissant que viennent les maux et les biens. Nous ne devrions pas nous plaindre pour les maux et pour les biens.

Nous devrions au contraire nous plaindre pour nos propres péchés car cela constitue une recommandation de la part de notre Dieu.

Les plaintes contre Dieu nous écartent de lui alors que si nous observons la discipline de nous plaindre de nos propres péchés, nous aurons sa faveur.

SE PLAINDRE POUR SES PROPRES PECHES

Quand on se plaint de ses propres péchés devant Dieu, on obtient la faveur de sa réponse. Et un tel acte produit la repentance qui précède la réconciliation avant de parler de la restauration.

La plainte contre Dieu est une barrière qui bloque le processus de l'exaucement de la part de Dieu en notre faveur, pour notre propre ruine et notre destruction.

A quoi bon de pleurer, tout en empêchant Dieu de nous répondre ? La plainte est un frein, un obstacle et un blocage dans notre marche avec le Seigneur.

Nous prions jour et nuit mais la réponse de fois prend du temps pour nous parvenir.

C'est souvent à cause de la tradition de suivre la formule des autres, alors que nous devrions au contraire nous débarrasser de nos propres péchés, de cette vie de rébellion et de révolte.

Ce n'est pas de l'abondance de nos paroles que Dieu nous répondra. Mais, c'est plutôt en nous débarrassant de nos propres péchés que nous bénéficierons de la faveur divine.

Ce n’est pas l’abondance de nos larmes devant Dieu, qui le pousse à nous répondre. Mais quand nous nous plaignons de nos propres péchés et prenons la ferme décision de marcher dorénavant dans l’obéissance, la fidélité et la discipline avec notre Dieu, il agit alors favorablement envers nous.

Le problème est plus du côté de l’homme car Dieu a déjà fait sa part.

Cette faveur d’obtenir la réponse de sa part ouvre les portes de l’exaucement de notre prière et nous permet de nous réconcilier avec notre Dieu et de nous restaurer dans sa bonté renouvelée.

Quelqu’un a-t-il besoin d’une réponse de la part de Dieu ?

Qu'il se plaigne de ses propres péchés, car le péché est la racine de tous les maux, il empêche Dieu de nous écouter et sa main de nous toucher.

Le péché nous entraîne à la mort et nous sépare aussi de Dieu.

« Non, la main de l'Éternel n'est pas trop courte pour sauver, Ni son oreille trop dure pour entendre. Mais ce sont vos crimes qui mettent une séparation Entre vous et votre Dieu; Ce sont vos péchés qui vous cachent sa face Et l'empêchant de vous écouter. » Esaïe 59 : 1-2

- Qu'il s'examine lui même en abandonnant le péché, comme le fils prodigue.

« Étant rentré en lui-même, il se dit: Combien de mercenaires chez mon père ont du pain en abondance, et moi, ici, je meurs de faim! Je me lèverai, j'irai vers mon père, et je lui dirai: Mon père, j'ai péché contre le ciel et contre toi, je ne suis plus digne d'être appelé ton fils; traite-moi comme l'un de tes mercenaires. Et il se leva, et alla vers son père. Comme il était encore loin, son père le vit et fut ému de compassion, il courut se jeter à son cou et le baisa. Le fils lui dit: Mon père, j'ai péché contre le ciel et contre toi, je ne suis plus digne d'être appelé ton fils. » Luc 15:17-21

Evidemment s'il y a quelque chose qui réjouit le ciel, c'est de nous voir gémir pour nos propres péchés. C'est pour cela que le Seigneur Jésus-Christ est mort à la croix, pour nous.

Le frère aîné du fils prodigue n'était pas content du salut de son frère, qui était revenu à la vie, moins encore de sa repentance; mais il se préoccupait par contre des avantages qu'avait reçus son frère, alors que le père était heureux de la repentance de son fils perdu qui était revenu, regrettant ses péchés.

De même, Dieu qui est notre Père Céleste est heureux quand nous nous plaignons de nos péchés.

« *De même, je vous le dis, qu'il y a de la joie devant les anges de Dieu pour un seul pécheur qui se repent.* » Luc 15: 10

« *Mais il fallait bien s'égayer et se réjouir, parce que ton frère que voici était mort et qu'il est revenu à la vie, parce qu'il était perdu et qu'il est retrouvé.* » Luc 15: 32

Qu’il s’abaisse devant Dieu qui le relèvera.

Celui qui s’abaisse devant Dieu obtiendra la grâce, la miséricorde, et sera secouru dans ses besoins, mais celui qui se croit meilleur que les autres et qui s’en orgueillira devant Dieu, en pensant qu’il n’a pas besoin de lui ; et en croyant qu’il a fait beaucoup pour lui et pour les autres, sera abaissé et rejeté par Dieu. Luc 18 :10-14.

« *Deux hommes montèrent au temple pour prier; l'un était pharisien, et l'autre publicain. Le pharisien, debout, priait ainsi en lui-même: O Dieu, je te rends grâces de ce que je ne suis pas comme le reste des hommes, qui sont ravisseurs, injustes, adultères, ou même comme ce publicain; je jeûne deux fois la semaine, je donne la dîme de tous mes revenus. Le publicain, se tenant à distance, n'osait même pas lever les yeux au ciel; mais il se frappait la poitrine, en disant: O Dieu, sois apaisé envers moi, qui suis un pécheur.*

Je vous le dis, celui-ci descendit dans sa maison justifié, plutôt que l'autre. Car quiconque s'élève sera abaissé, et celui qui s'abaisse sera élevé. » Luc 18 :10-14

Arrêtons de nous plaindre contre lui et plaignons-nous, au contraire pour nos propres péchés.

Retournons dans sa présence et rattachons-nous à lui pour obtenir la réponse à nos besoins.

SE TENIR DEBOUT DANS SA PRESENCE

Nous pouvons nous tenir debout en Sa présence, après que nous nous soyons rattachés à lui par la repentance et la sanctification. C'est le signe de la victoire acquise dans la prière qui commence par une plainte au sujet de nos propres péchés.

Notre Dieu nous relève et nous donne la force d'aller plus loin quand nous avons suivi ses commandements.

Le plus grand péché, c'est refuser de se repentir. C'est l'incrédulité. Et une fois que l'on suit les instructions de Dieu en prenant du temps pour se plaindre sur ses propres péchés, la Main Puissante de Dieu agit en notre faveur à tout point de vue.

Elle agit ainsi, sur le plan spirituel, physique, matériel, financier et même émotionnel.

Tel est le vœu de Dieu pour quiconque accepte de se plaindre de ses propres péchés honnêtement devant lui. Dieu est toujours disposé pour nous faire du bien mais le problème se trouve toujours de notre côté.

Nous nous plaignons contre lui alors que nous devrions nous plaindre de nos propres péchés. Le péché en soi est un grand ennemi et nous ne pouvons pas vraiment lui permettre de régner dans notre vie, car il nous détache de Dieu et nous soumet à la servitude de la chair.

C'est ici que nous devrions faire le bon choix et nous faire violence envers cette vie de cohabitation avec le péché. C'est ici que nous devrions traiter durement notre chair pour permettre à notre esprit d'entrer en communication avec notre Dieu.

Debout, on peut se déplacer et devenir utile à soi-même et aux autres.

La plainte contre Dieu nous laisse dans la position couchée loin de Dieu alors que la rigueur sur nos propres péchés nous rattache à Dieu et nous permet de nous tenir debout en sa sainte présence.

Oh, quelle merveilleuse chose que celle de se tenir debout, en face de Celui qui a le premier et le dernier mot sur la vie des hommes sur la terre !

DEVENIR LA BOUCHE DE DIEU

Les choses divines ne ressemblent pas à celles de ce monde, comme par exemple, il faut payer beaucoup d'argent chez le médecin pour avoir la guérison. Elles sont si simples que les hommes intelligents selon la science n'y croient point.

Devenir la bouche de Dieu, c'est une chose merveilleuse que chacun de nous devrait expérimenter dans sa vie sous le soleil.

La condition pour devenir comme la bouche de Dieu est celle de séparer le bien et le mal. C'est cela l'exercice qui revient dans la vie de tous les enfants de Dieu. Arriver à éviter de mélanger le bien et le mal. Et la plus grande école de la vie est celle de la séparation entre le bien et le mal, le jour et la nuit, le bonheur et le malheur. Avoir une vie de foi et de méditation de la Parole de Dieu. Ayons toujours en nous cette noble sagesse de nous poser la question de savoir si ce que nous faisons est bon ou mauvais, avant de faire un pas de plus. Nous devons continuellement obéir à la Parole de Dieu et non à celle des hommes.

Nous devons nous débarrasser de ce qui est vil et nous attacher à ce qui est précieux.

Entant que chrétiens, nous devons nous séparer des choses qui n'ont pas de valeur devant Dieu. Il y a bien de choses que nous faisons dans notre vie de tous les jours qui n'ont aucune valeur devant notre Dieu.

Bien-aimés dans le Seigneur, si nous voulons marcher avec notre Dieu, si nous voulons recevoir la réponse de sa part et demeurer à son service, restons debout dans Sa présence.

C'est Jésus-Christ qui est précieux. C'est lui, la pierre rejetée par les bâtisseurs et qui est devenue celle de l'ange. C'est notre priorité. C'est lui le centre de notre foi !

« *Le royaume des cieux est encore semblable à un trésor caché dans un champ. L'homme qui l'a trouvé le cache; et, dans sa joie, il va vendre tout ce qu'il a, et achète ce champ.* » Mathieu 13 :44

Et ce trésor pour nous, c'est Jésus !

C'est lui la pierre précieuse, c'est lui la pierre angulaire. Et nous devons nous attacher à lui qui est précieux.

La Parole de Dieu est précieuse. Elle vaut mieux que mille objets d'or et mille objets d'argent.

Nous devons croire en ce qui est précieux. Attachons-nous à la foi. Croyons en la Parole de Dieu et aimons-la de tout notre cœur ! Mettons-la en pratique dans notre vie de tous les jours.

L'échelle des valeurs d'un enfant de Dieu est différente de celle d'un non-croyant !

Et les priorités des enfants de Dieu ne peuvent pas tenir pour le mieux si nous ne savons pas séparer le bien et le mal.

Quand on commence à se plaindre et à murmurer devant Dieu, on perd la bataille sans le savoir.

Quand on prie, entant qu'enfants de Dieu, évitons de nous plaindre de peur de retarder l'exaucement de notre propre prière.

Nous devons nous plaindre de nos propres péchés. Dans le cas du prophète Jérémie, lui que Dieu a connu depuis le sein de sa mère, il a eu des problèmes avec le peuple et ne comprenait pas qui il était et devait rester du côté de Dieu!

A un certain moment il a même mentionné sa mère, dans sa plainte au lieu de se plaindre de ses propres péchés.

Pourquoi dans sa plainte il disait que Dieu l'a fait naître un homme de disputes et des querelles ? Cela montre que, le prophète Jérémie a eu des problèmes avec le peuple de Dieu à cause de ses prophéties qui étaient vraies, dures et pertinentes.

En ce temps-là, comme c'est le cas de nos jours, les gens ne supportaient pas la saine doctrine de Dieu. Les gens aimaient bien entendre ce qui leur faisait plaisir.

Oui, Jérémie prophétisait des choses qui choquaient les gens qui le suivaient. Et il a fini par conclure que le Seigneur l'a fait naître un homme de disputes et de querelles.

La mission est de fois plus grande que le missionnaire et ses successeurs !

La mission qui fut confiée au prophète lui a créé des problèmes de cohabitation avec ses contemporains et il s'était retrouvé pratiquement seul.

Oui, il arrive dans la vie de chaque missionnaire de se retrouver tout seul et de prendre le temps de réfléchir sur la mission qu'il a reçue de Dieu. En ce moment-là, il faut éviter de se plaindre sur Dieu, même s'il y a un vent contraire. Il faudra seulement se plaindre sur ses propres péchés et compter sur Dieu qui a donné ladite mission.

Etre la bouche de Dieu, ce n'est pas seulement annoncer la bonne nouvelle, prêcher l'évangile ou enseigner la Parole de Dieu.

Etre la bouche de Dieu, c'est aussi exprimer la pensée et la volonté de Dieu.

« *Ceux qui auront été intelligents brilleront comme la splendeur du ciel, et ceux qui auront enseigné la justice, à la multitude brilleront comme les étoiles, à toujours et à perpétuité.* » Daniel 12 :3

Parce que la bouche exprime ce que nous sommes et ce que nous avons, car c'est de l'abondance du cœur que la bouche parle.

Quand Dieu nous demande d'être Sa bouche, ce n'est pas seulement pour parler, mais aussi pour démontrer ce en quoi nous croyons.

Nous devons démontrer en nous, la vie de Dieu, sa bonté, sa sainteté et sa puissance.

En d'autres termes, ce que Dieu est entrain de faire doit se lire à travers notre vie.

Etre la bouche de Dieu, c'est exprimer ce que Dieu est. Et ce fut le problème qu'avait connu le prophète Jérémie avec ses contemporains car en transmettant exactement ce qu'il recevait de Dieu, les autres qui voulaient entendre ce qui allait leur faire du bien sont devenus ses ennemis et il en avait souffert.

Dans la mission de Dieu, ne cherchons pas à plaire aux hommes, demeurons fidèles à celui qui nous a confiés ladite mission et nous recevrons la couronne de la justice en fin de course.

Demeurons fidèles à notre Dieu malgré les difficultés sur la route de notre randonnée sous le soleil.

CHAPITRE 3

CHAPITRE 3

LA MISSION

Jérémie a eu des problèmes avec les enfants d'Israël à cause de la mission que Dieu lui a confiée. Et sa plainte est principalement liée à la mission reçue de Dieu parmi ses contemporains.

« *Malheur à moi, ma mère, de ce que tu m'as fait naître Homme de dispute et de querelle pour tout le pays! Je n'emprunte ni ne prête, Et cependant tous me maudissent.* » Jérémie 15 :10

C'est à cause de la mission de Dieu que ses serviteurs sont en danger à tout moment contre leur propre personne, leur famille, leur église et leur société.

A cause de la mission reçue de Dieu, Jérémie était devenu un homme de dispute et de querelle pour tout le pays.

Et cela me fait penser au Seigneur Jésus qui s'adressait en son temps à ses disciples en ces termes :

« Voici, je vous envoie comme des brebis au milieu des loups. Soyez donc prudents comme les serpents, et simples comme les colombes.

Mettez-vous en garde contre les hommes; car ils vous livreront aux tribunaux, et ils vous battront de verges dans leurs synagogues;

Vous serez menés, à cause de moi, devant des gouverneurs et devant des rois, pour servir de témoignage à eux et aux païens.

Mais, quand on vous livrera, ne vous inquiétez ni de la manière dont vous parlerez ni de ce que vous direz: ce que vous aurez à dire vous sera donné à l'heure même;

Car ce n'est pas vous qui parlerez, c'est l'Esprit de votre Père qui parlera en vous. » Mathieu 10 :16-20

C'est le prix à payer dans l'exercice du ministère. D'où, il est recommandé aux serviteurs de Dieu de prier les uns pour les autres, comme ce fut dans le cas d'Abraham pour Lot.

La mission de Dieu avait transformé le prophète Jérémie en ennemi public numéro un, car il était du côté de Dieu.

Malgré tous ces maux, Jérémie ne devait pas se plaindre contre Dieu. Il devait plutôt se plaindre de ses propres péchés pour obtenir la réponse de la part de Dieu ainsi que les avantages pour la persévérance et sa percée dans la mission qu'il avait reçue de Dieu. Car Dieu nous demande de persévérer jusqu'à la fin pour hériter la vie éternelle.

Nous devons payer le prix par l'obéissance à la Parole de Dieu, la discipline dans tout ce que nous entreprenons au nom du Seigneur afin de ne pas perdre la couronne de gloire qui nous attend au bout du tunnel de notre mission sur cette terre.

Et dans la mission de Dieu, devenir comme sa bouche est un grand privilège.
Dans l'Ancien Testament, le prophète était appelé 'Nabia', ce qui signifie de porte-parole de Dieu ou bouche de Dieu. Car Dieu plaçait sa parole dans sa bouche pour être communiquée au peuple.

Nous manifestons nos dons dans la mission que Dieu nous confie et devenons ainsi ses ambassadeurs partout où nous allons accomplir notre tâche individuelle et collective pour la cause du royaume des cieux.

Un ambassadeur ne se plaint pas contre son propre pays qui l'a envoyé là où il exerce sa mission consulaire.

Nous sommes en mission consulaire du Royaume des cieux et nous n'avons pas le droit de nous plaindre devant Dieu. Que ce soit pour les biens ou pour les maux.

Nous ne pouvons nous plaindre que de nos propres péchés.

Pendant toute la durée de notre mission, nous devrions respecter la consigne du Seigneur : « Se plaindre seulement pour ses propres péchés ».

Même si tu es fatigué et dépassé, en tant que missionnaire de Dieu, il faudra appendre à garder ta langue et éviter de te plaindre contre ton Dieu.

Comme des hommes sages et avertis, plaignons-nous pour nos propres péchés.

COMPTER SEULEMENT SUR DIEU

« *Guéris-moi, Éternel, et je serai guéri; Sauve-moi, et je serai sauvé; Car tu es ma gloire.*

Voici, ils me disent: Où est la parole de l'Éternel? Qu'elle s'accomplisse donc! » Jérémie 17 :14-15.

Ce n'est plus le temps de nous plaindre contre Dieu sur les difficultés du parcours car la vie d'un missionnaire est comme celle d'un soldat. Si l'on ne tire pas sur l'ennemi, c'est bien lui qui tire sur nous.

Ne perdons pas de temps à nous plaindre contre Dieu. Mettons-nous au travail et comptons d'abord sur Dieu qui a donné la vision et qui donnera aussi la provision pour la réussite de ladite mission.

Ne nous plaignons plus jamais dans l'exercice de notre mission.

C'est Dieu qui est notre gloire, comme c'est lui qui nous a donné la mission, il nous rendra capable de l'accomplir. Arrêtons de nous plaindre des tempêtes qu'il y a au cours de la mission.

Les gens demanderont des miracles et des signes de fois pour nous décourager tout le long de notre parcours. N'entrons pas dans leur jeu. Soyons concentrés sur la mission que nous avons reçue de Dieu.

Le prophète a bien commencé sa prière en mentionnant que Dieu est sa gloire. Et juste après, il a commencé à penser à ce que les gens disent de lui.

Cette façon de faire crée une interférence qui nous écarte, une fois de plus de Dieu. Nous sommes au service de Dieu et non à celui des hommes. Et servir Dieu, c'est faire de lui la priorité dans sa vie.

Les gens autour de nous trouverons toujours des paroles méchantes pour nous décourager. Ils demanderont des signes et des prodiges, alors que vivant dans le péché et dans la rébellion.

Faisons confiance à Dieu qui nous a confié cette mission et il nous fera réussir.

Ils diront pour vous décourager : « *Où est la Parole de l'Eternel ?* »

Nous avons souvent des problèmes sur le temps de réponse de la part de Dieu qui fait toute chose bonne en son temps.

Quand une prophétie tarde à s'accomplir, il faudra pour éviter les paroles des méchants aller à ce que nous appelons l'école d'Habacuc :

« *Car c'est une prophétie dont le temps est déjà fixé, Elle marche vers son terme, et elle ne mentira pas; Si elle tarde, attends-la, Car elle s'accomplira, elle s'accomplira certainement.* » Habacuc : 2-3

Les paroles des hommes peuvent vous décourager au point que vous puissiez mettre en doute votre propre appel.

Vous étiez seul quand le Seigneur vous a confié cette mission et aujourd'hui vous vous retrouvé redevable devant ceux qui vous ont trouvé dans le ministère.

Le Seigneur Jésus nous a avertis en son temps en disant :

« *Un prophète n'est méprisé que dans sa patrie, parmi ses parents, et dans sa maison.* » Marc 6 :4

Ce sont ceux de ta maison, de ta famille et de ta patrie qui te feront la guerre dans l'exercice de ton ministère.

Ne considère pas leurs paroles provocatrices et factieuses. Accroche-toi à Dieu et à ses promesses et attends-les s'accomplir en la saison favorable.

Même dans le cas de témoignage de Dieu, limitez-vous à dire ce que Dieu a réalisé dans votre vie. En cherchant à embellir le contour du témoignage, on peut tomber dans le filet du méchant.

Faisons attention avec ce que les gens disent, mais soyons attentifs à ce qui Dieu nous a promis car cela se produira en son temps !

CONFESSION DE FOI

« *Et moi, pour t'obéir, je n'ai pas refusé d'être pasteur; Je n'ai pas non plus désiré le jour du malheur, tu le sais; Ce qui est sorti de mes lèvres a été découvert devant toi.* » Jérémie 17 :16

Ici le prophète Jérémie souligne sa confession de foi, malgré sa nature humaine. C'est par la foi que chaque serviteur de Dieu devra s'engager pour accomplir la mission reçue de la part de Dieu !

Il faut rester attaché à Dieu et demeurer dans sa présence tout le long de l'accomplissement de la mission !

Beaucoup d'enfants de Dieu se plaignent au sujet de leur souffrance qui perdure pendant qu'ils demeurent fidèles à Dieu. En volant et en se prostituant comme les autres, pensent-ils qu'ils seraient aussi bénis matériellement !

Quel type de bénédiction ?

La véritable bénédiction est celle qui vient de Dieu par la foi, l'espérance et l'amour!

D'autres ont volé et ont même construit de grandes maisons et moi, j'ai gardé ta parole, oh mon Dieu. Et voilà comment j'ai fini.

Nous ne devons pas nous justifier devant Dieu qui connait très bien ce que nous essayons de lui expliquer très mal.

Les gens vous combattront à cause de la vérité et non à cause des maisons que vous n'avez pas su construire en craignant Dieu !

Le combat contre les serviteurs de Dieu réside sur la vérité et non sur les richesses. Les gens de ce monde sont au point tel qu'ils ne supportent plus la vérité. Ils cherchent à entendre des choses qui leur feraient plaisir car ils vivent dans la rébellion et dans la révolte.

Pour servir Dieu, n'entrez pas dans leur jeu. Continuez à compter sur Dieu et croyez en la parole que vous avez reçue de Celui qui vous a appelé pour vous confier cette noble mission !

La Parole de Dieu est immuable. Que vous soyez en Chine, aux Etats-Unis, en Europe ou en Afrique, la Parole de Dieu reste la même.

Il faut obéir à la Parole de Dieu et l'observer attentivement.

Et quand l'on suit le prophète Jérémie, en faisant attention aux paroles de gens, il retombe dans la plainte contre Dieu qui a fait de lui un serviteur fidèle qui a des problèmes avec tous à cause de sa fidélité et de son obéissance en lui.

Il finit par dire que Dieu est à la fois un lieu d'effroi et de refuge pour lui ! Et là il faudra prendre l'effroi dans le sens de la crainte de Dieu. Dieu nous appelle pour notre sécurité dans ce système des choses et dans celui à venir !

Ce sont les autres qui viennent nous créer une zone d'interférence avec Dieu car ils n'étaient pas là au jour de la détresse !

Nous devons continuer à le servir dans la crainte et dans la fidélité !

LA VENGEANCE

« *Que mes persécuteurs soient confus, et que je ne sois pas confus; Qu'ils tremblent, et que je ne tremble pas, moi! Fais venir sur eux le jour du malheur, frappe-les d'une double plaie!* » Jérémie 17 :18

Quand on cherche à se justifier devant Dieu, on tombe dans le filet de la vengeance !

Il demande à Dieu que :

- Ses persécuteurs soient confus,
- Qu'ils tremblent et
- Que le jour de malheur les frappe doublement.

Cette vengeance physique était autorisée dans la dispensation du prophète Jérémie. Mais dans la nôtre, le combat est devenu spirituel et nous laissons Dieu nous venger et s'occuper de nos ennemis.

« *Car nous connaissons celui qui a dit: A moi la vengeance, à moi la rétribution! Et encore: Le Seigneur jugera son peuple.* » Hébreux 10 :30

Notre dispensation est une dispensation basée sur le pardon.

« *Vous avez appris qu'il a été dit: Tu aimeras ton prochain, et tu haïras ton ennemi.*

Mais moi, je vous dis: Aimez vos ennemis, bénissez ceux qui vous maudissent, faites du bien à ceux qui vous haïssent, et priez pour ceux qui vous maltraitent et qui vous persécutent,

Afin que vous soyez fils de votre Père qui est dans les cieux; car il fait lever son soleil sur les méchants et sur les bons, et il fait pleuvoir sur les justes et sur les injustes. Mathieu 5 :43-45

De fois quand ça ne marche pas, les gens ont tendance à montrer du doigt les autres. Soyons responsables chacun de ses propres fautes devant Dieu.

Dans cette dispensation de l'Esprit et de la grâce, c'est Dieu qui venge ses enfants afin de vaincre le mal par le bien et le péché par l'obéissance à la Parole de Dieu.

C'est cela la Nouvelle Alliance qui est basée sur l'amour du prochain et même de l'ennemi.

Cela me fait penser à Salomon dans sa demande devant Dieu.

« A Gabaon, l'Éternel apparut en songe à Salomon pendant la nuit, et Dieu lui dit: Demande ce que tu veux que je te donne.

Salomon répondit: Tu as traité avec une grande bienveillance ton serviteur David, mon père, parce qu'il marchait en ta présence dans la fidélité, dans la justice, et dans la droiture de cœur envers toi; tu lui as conservé cette grande bienveillance, et tu lui as donné un fils qui est assis sur son trône, comme on le voit aujourd'hui.

Maintenant, Éternel mon Dieu, tu as fait régner ton serviteur à la place de David, mon père; et moi je ne suis qu'un jeune homme, je n'ai point d'expérience.

Ton serviteur est au milieu du peuple que tu as choisi, peuple immense, qui ne peut être ni compté ni nombré, à cause de sa multitude.

Accorde donc à ton serviteur un cœur intelligent pour juger ton peuple, pour discerner le bien du mal! Car qui pourrait juger ton peuple, ce peuple si nombreux?

Cette demande de Salomon plut au Seigneur.

Et Dieu lui dit: Puisque c'est là ce que tu demandes, puisque tu ne demandes pour toi ni une longue vie, ni les richesses, ni la mort de tes ennemis, et que tu demandes de l'intelligence pour exercer la justice. » 1Rois 3 :5-11

Alors que Salomon était encore dans l'Ancienne Alliance, au milieu de la dispensation de la loi, il a agi à la demande de Dieu avec une grande avance sur ses contemporains. Il n'a pas demandé les richesses de ce monde, mais juste l'intelligence et la sagesse. Et Dieu a apprécié sa requête comme le souligne le verset 10 du même chapitre.

Ne nous vengeons pas. Ne remettons pas le mal pour le mal. Confions-nous en Dieu et il s'occupera de nos ennemis dans sa souveraineté.

Nous ne devons pas abuser de notre position d'enfant de Dieu pour nous venger sur nos ennemis. Comme Salomon, ne cherchons pas la mort de nos ennemis. Dieu seul s'en occupera en son temps et selon sa volonté.

Quand ça va, il n'y a pas de sorciers et des personnes de mauvaise foi dans nos familles et dans la société.
Mais une fois que tout est bloqué, de fois, sans raison fondée, c'est la chasse aux sorciers et aux méchants !

Il y a des serviteurs de Dieu qui n'ont plus de temps de parler de la vérité et de la justice selon la Parole de Dieu. Ils préfèrent parler des sorciers et des démons pour ne pas perdre ceux qui veulent bien justifier leurs maladies et leurs misères sur les autres !

Que chacun s'examine au sujet de ce qui lui arrive !

Jésus avait raison d'avertir ses disciples comme nous l'avons susmentionné. Nous qui servons le Seigneur serons haïs de tous à cause de Jésus qui est en nous et qui nous a confié cette mission.

« *Le malheur atteint souvent le juste, Mais l'Éternel l'en délivre toujours.* » Psaume 34 :19

Dieu n'abandonne jamais le juste au jour du malheur. Inutile de nous plaindre contre Dieu. Plaignons-nous, chacun, sur ses propres péchés.

Le Père, le Fils et le Saint-Esprit en nous, nous ne devons pas craindre quoique ce soit.

Celui qui est en nous est plus grand que celui qui est dans le monde.

Ne craignons pas celui qui est dans le monde, car il n'est pas plus grand que celui qui est en nous.

Notre Dieu est plus grand et plus puissant. Nous n'avons plus autre part où aller car nous sommes en sécurité totale en lui.

Le Nom de l'Eternel est une tour et une forteresse. Cela nous suffit pour être en sécurité et empêcher l'ennemi de nous atteindre.

Attention : le malheur peut toujours atteindre le juste, mais l'Eternel l'en délivre toujours. Il faudra bien demeurer dans la présence de Dieu, car en sa présence nous sommes en sécurité.

On est atteint apparemment, mais en réalité, c'est Dieu qui a le contrôle.

CHAPITRE 4

CHAPITRE 4

LE PROJET DE DIEU

« *Car je connais les projets que j'ai formés sur vous, dit l'Eternel, projets de paix et non de malheur, afin de vous donner un avenir et de l'espérance.* » Jérémie 29 :11

Pendant que le peuple de Dieu était dans la souffrance, Jérémie leur avait parlé de la part de Dieu d'un projet de paix et non de malheur pour un avenir de restauration avec espérance.

Mais dès qu'il a commencé à faire attention aux paroles des hommes, il s'est mis à se plaindre devant Dieu, sans le savoir.

Dieu ne nous veut aucun mal, il ne souhaite pas la mort du pécheur.

Nous devons lui faire confiance comme quelqu'un qui voit une flamme dans sa voiture et qui sait aussi qu'il a un extincteur avec lui. Tout ce qu'il va faire c'est l'ouvrir et le diriger vers la flamme.

Il ne va pas se mettre à crier au secours ou à s'agiter.

Nous faisons de fois des prières épidermiques en criant et en tapant les mains avec beaucoup de bruit et beaucoup de haine contre ceux que l'on croit être la cause de notre malheur.

Nous oublions que c'est Dieu qui a le premier et le dernier mot dans la vie de chacun de nous. Et il suffit d'arranger avec lui pour que tout aille pour le mieux. Il ne nous veut aucun mal malgré les apparences de l'adversité et du vent contraire sur notre randonnée sous le soleil.

Arrêtons donc de pointer les autres comme étant la cause de notre malheur. Chacun de nous doit être responsable de ce qui lui arrive devant le Seigneur.

Notre Dieu a des projets de paix et de bonheur pour nous. Même si de fois, la forme et le fonds ne se marient pas. C'est comme quand Jésus allait à la croix pour consommer la coupe de la colère de Dieu, personne ne pouvait comprendre en ce temps précis qu'il s'agissait d'un plan merveilleux pour le salut de tous les hommes.

Notre prière est adressée à Dieu avec foi et persévérance, tout en sachant qu'il est écrit que mille tombent à ta gauche, dix mille à ta droite tu ne seras pas atteint. Accroche-toi à Sa Parole, car c'est en elle qu'il y a la vie.

Il est aussi écrit que si tes ennemis viennent par un seul chemin, ils rentreront par sept chemins différents.

Notre Dieu est notre refuge et notre forteresse. Nous ne devrions pas avoir peur. Faisons confiance à Dieu qui nous a donné cette noble mission d'être ses témoins jusqu'aux extrémités de la terre.

La Bible nous enseigne aussi que les ténèbres ne régneront pas toujours dans la vie des enfants de Dieu. Don un jour la souffrance de ceux qui croient s'arrêtera et ils pourront récolter avec des chants d'allégresse là où ils avaient semé avec des larmes chaudes.

Je me souviens d'Ezéchias qui était malade à mort, en son temps. Et quand il se mit à genoux, il n'a pas demandé à Dieu de frapper ses ennemis !

Au contraire, il a dit à Dieu de se souvenir de lui, ainsi que de la manière dont il avait marché devant sa face.

Souviens-toi du bien que je fais dans ton œuvre. Souviens-toi, oh, Dieu, toi qui n'est débiteur d'aucun homme.

Alors que le prophète de Dieu Esaïe est venu dans sa maison pour lui dire que cette maladie était pour la mort, cela ne l'a pas troublé du tout. Au contraire, il a levé la voix vers Dieu pour lui demander de se souvenir de lui.

Il a dit à Dieu qu'il est sa gloire et son refuge. Et il lui a demandé de se rappeler de la manière dont il avait marché devant lui.

Que Dieu se souvienne de chacun de nous. Que Dieu se souvienne de tes bonnes œuvres dans la mission dans laquelle tu évolues, afin qu'en temps difficile, il vienne à ton secours !

Qu'il se souvienne de ton dévouement, de ton sacrifice, de ta consécration et des choses que tu as quittées et abandonnées pour lui.

La Bible dit qu'avant que le prophète ne sorte de la cour royale, Dieu lui donna l'ordre de rentrer vers Ezéchias pour lui dire que sa prière était exaucée !

Et Dieu ajouta ainsi quinze ans au roi Ezéchias !

Peut-être que ton mariage tarde à venir. Et quand tu vas te marier en retard selon les hommes de ce monde, Dieu ajoutera plus de vigueur et même plus de bonheur dans ton couple.

Dieu fait chaque chose bonne en son temps. En son temps, il te visitera. En son temps il essuiera toute larme sur tout œil.

Je connais un homme de Dieu de plus de 65 ans. Souvent on l'amenait à l'étranger pour les soins. Et de fois, les gens disaient, cette fois-ci, il ne reviendra plus parmi nous vivant.

Et pendant que l'on pensait ainsi sur lui, on le revoyait plein de vigueur à la télévision en train de prêcher l'évangile.

Dieu fait vivre les siens au milieu de la famine, de la souffrance et des tourments.

Il faudra changer la manière de prier. Ce n'est plus le moment pour se plaindre devant Dieu sur les difficultés rencontrées sur le chemin missionnaire. Ce qui compte, c'est remporter la victoire finale !

Le secours du missionnaire vient de Dieu qui lui a confié ladite mission.

Ne cherchons pas inutilement des ennemis autour de nous car Dieu qui nous a confié cette mission, nous rendra capables d'aller jusqu'au bout.

Notre Dieu ne paie pas les travaux inachevés. Nous n'avons pas d'autre alternative, nous devons aller jusqu'au bout de la mission.

Nous n'annonçons pas seulement le message de la part de Dieu, mais nous devrions y croire et aussi nous y soumettre.

Nous devrions bien comprendre que les plaintes contre Dieu ne peuvent rien changer dans notre mission. Au contraire, elles nous écartent de Dieu et nous enfoncent dans la crevasse de la perdition et de la destruction.

Mais en nous plaignant de nos propres péchés, nous nous rattachons à Dieu qui donne la réponse à nos multiples problèmes.

Soyons comme de bons soldats qui foncent sur le champ de bataille pour arracher la victoire finale.

Rattachons-nous à Dieu pour demeurer Sa bouche. Disons-nous la vérité les uns aux autres en donnant la vraie confiance aux enfants de Dieu.

« *Ainsi donc, cela ne dépend ni de celui qui veut, ni de celui qui court, mais de Dieu qui fait miséricorde.*

Car l'Écriture dit à Pharaon: Je t'ai suscité à dessein pour montrer en toi ma puissance, et afin que mon nom soit publié par toute la terre.

Ainsi, il fait miséricorde à qui il veut, et il endurcit qui il veut. » Romains 9 :16-18

Apprenons à dépendre de Dieu et non de ce que nous voyons ni entendons.

Comptons sur Dieu qui ne nous veut aucun mal et travaillons comme de bons soldats sur le champ de bataille.

Cela dépend de Dieu qui fait miséricorde à qui il veut, quand il veut et comme il veut.

Ce n'est vraiment pas le moment de nous plaindre contre Dieu sur les difficultés et les obstacles rencontrés tout le long de notre mission.

Mais plaignons-nous à cause de nos propres péchés et devenons de véritables bouches du Seigneur pour la manifestation de sa gloire parmi nos contemporains.

Devenons l'expression vivante de la volonté de Dieu en paroles et en actes. Comme des enfants de Dieu au service de notre Père qui est dans les cieux, vivons dans l'obéissance, la fidélité et la discipline en ramenant ainsi le règne de Dieu sur la terre en ces temps difficiles de la fin.

CHAPITRE 5

CHAPITRE 5

LE SARMENT ET LE CEP

« Demeurez en moi, et je demeurerai en vous. Comme le sarment ne peut de lui-même porter du fruit, s'il ne demeure attaché au cep, ainsi vous ne le pouvez non plus, si vous ne demeurez en moi. » Jean 15 :4

« Si vous demeurez en moi, et que mes paroles demeurent en vous, demandez ce que vous voudrez, et cela vous sera accordé. » Jean 15 :7

De même que le sarment doit être attaché au cep pour porter des fruits, ainsi nous sommes appelés à demeurer dans la Parole de Dieu pour porter des fruits dignes d'enfants de Dieu et de serviteurs de Dieu.

Il faut être attaché à la Parole de Dieu. Il faut croire en la Parole de Dieu.

Nous devons être attachés à Jésus, surtout en ces temps de la fin.

La science, les conservateurs des traditions, les hérétiques et autres proposent au monde leur échelle des valeurs, contrairement aux prescrits de l'Evangile de Jésus-Christ.

Nous traversons un moment très difficile au cours duquel la science essaie de se justifier de sa manière et les hommes aussi selon leur connaissance et leurs traditions. Cependant la seule vérité demeure dans la Parole de Dieu.

Le poisson vit dans l'eau et les oiseaux dans les airs. L'homme créé à l'image et à la ressemblance de Dieu ne peut vivre que dans la Parole de Dieu.

Quand nous quittons la Parole de Dieu, nous devenons faibles et vulnérables comme un poisson dans le sable de la plage. Il ne sait plus se déplacer et sa respiration devient pénible.

Il faudra le ramener dans l'eau pour qu'il reprenne vie. Il en est ainsi pour le sarment. Quand l'on le détache du cep, il va sécher et ne donnera plus de fruits à la saison prochaine.

Restons attachés au Seigneur, il nous protégera.

Si nous nous attachons au Seigneur, demandons-lui tout ce dont nous avons besoin et il nous le donnera !

Dieu veut que nous puissions nous tenir debout devant sa face.

« *Après avoir autrefois, à plusieurs reprises et de plusieurs manières, parlé à nos pères par les prophètes, Dieu, dans ces derniers temps, nous a parlé par le Fils, qu'il a établi héritier de toutes choses, par lequel il a aussi créé le monde.* » Hébreux 1: 2

Nous devons ainsi nous tenir debout devant notre Seigneur pour le servir selon la mission commune d'amener cette bonne nouvelle jusqu'aux extrémités de la terre.

Plus Jérémie se plaignait, plus Dieu le ramenait à la raison. Il lui donnait les instructions pour son bonheur. C'est à nous de revenir vers Dieu et non à Dieu de venir vers nous, car il a déjà fait sa part.

« *Attache-toi donc à Dieu, et tu auras la paix; Tu jouiras ainsi du bonheur.* » Job 22 :21

C'est quand on se rattache à Dieu que l'on aura la paix, la joie et le bonheur. Et c'est cela le message du Seigneur qui est celui de demeurer dans la présence de Dieu.

Ce qui est important dans la mission, c'est demeurer attaché à Dieu, car c'est en lui que nous sommes protégés et conduits vers la meilleure destination.

Notre avenir sera plein de paix et de bonheur si nous nous rattachons à Dieu quels que soient les temps et les circonstances de la vie.

Malgré que la mission est difficile face aux tempêtes et aux vents contraires sur le parcours de ton pèlerinage sous le soleil, attache-toi à Dieu et tu auras la paix et le bonheur.

Ne nous inquiétons de rien, ne nous plaignons de rien. Mais faisons connaître nos besoins à Dieu. Et la paix de Dieu qui surpasse toute intelligence gardera nos cœurs et notre pensée en Jésus-Christ.

Tu peux manquer ce que les autres ont déjà. Mais quand la paix du Seigneur est dans le cœur. Tu es du bon côté.

Jésus a dit à ses disciples : « *Je vous laisse la paix, je vous donne ma paix. Je ne vous donne pas comme le monde donne. Que votre cœur ne se trouble point, et ne s'alarme point.* » Jean 14 :27

La paix du Seigneur commence dans le cœur alors que celle de ce monde est liée au plaisir éphémère des passions de la chair.

Cette paix garantit le temps de réponse. Même si tu manques aujourd'hui, ne t'alarme pas. Reste tranquille car en son temps, Dieu te donneras ce que ton cœur désire.

Celui qui s'attache à Dieu finira par jouir du bonheur qui vient de lui.

Un jour, celui qui s'attache à Dieu se réjouira de la visitation divine.

Il est dit : « *Il y eut un soir, il y eut un matin* »… Genèse 1 :5.

Un matin, tu te lèveras avec joie car le soir sera passé et Dieu t'aura essuyé les larmes de tes yeux.

Dieu passe le soir dans ta vie quand tu pleures afin de te donner un matin merveilleux comme stipulé dans Esaïe 9 :1, que les ténèbres ne régneront pas toujours.

Le Seigneur Jésus a tout donné. Il nous a donné sa vie et il est ressuscité des morts au troisième jour. Il est mort avec les ténèbres de plus de trois heures sur toute la terre et a quitté le sépulcre avant le lever du soleil.

Il savait pourquoi il devait accepter cette mort honteuse sur la croix entre deux malfaiteurs.

Il n'a pas ouvert la bouche comme un agneau que l'on amène à l'abattoir pour le salut de toute l'humanité.

Il est resté attaché au Père en tout pour nous donner un exemple d'obéissance, de fidélité et de discipline dans la mission.

Il a respecté la loi du sarment et du cep. Comme l'ongle au doigt, le Seigneur Jésus est resté attaché à Dieu pendant toute sa passion pour le salut de tous les hommes.

Il n’y a pas de succès en dehors de la présence de Dieu. Celui qui veut réussir avec Dieu devra apprendre à se rattacher à lui malgré les temps et les circonstances de la vie.

Comme le sarment doit rester attaché au cep pour porter des fruits, nous devons nous attacher à Dieu pour manifester notre adoption en tant que ses enfants.

Comme un prophète, attache-toi à Dieu. Reçois ses instructions. Mets-les dans ton cœur et exécute-les avec obéissance et fidélité.

Mets sa parole en pratique dans ta vie de tous les jours, et Dieu sera ton refuge et ta forteresse.

Il ne suffit pas de l’appeler seulement Seigneur. Mais il faudra faire sa volonté, dans l’obéissance et dans la discipline. Nous devons montrer aux autres que nous sommes des enfants de Dieu en paroles et en actions.

Mettons en pratique les paroles que nous avons entendues de sa bouche. Notre référence n’est pas le monde, mais c’est la Parole de Dieu. Ne croyons pas au diable, c’est père du mensonge.

Restons attachés à Dieu comme le sarment est lié au cep, afin de produire des fruits dignes d'enfants de Dieu.

Quand nous revenons ainsi à Dieu et nous nous rattachons à lui dans l'obéissance et dans la fidélité, notre Dieu nous établira.

Nous pourrions ainsi nous tenir debout en sa présence et proclamer la Bonne Nouvelle au monde entier avec foi et espérance.

Tout celui qui accepte de rentrer se rattacher à Dieu, est béni, car il est la source de tout esprit et de toute chose.

Nous devons nous éloigner du péché, de la paresse et de la négligence pour servir Dieu dans l'obéissance et dans la fidélité.

Nous devons séparer ce qui est précieux de ce qui est vil, Dieu fera de nous sa bouche comme nous l'avons vu plus haut !

Cessons de nous plaindre contre Dieu pour les biens ou pour les maux et mettons-nous au service de Dieu dans l'obéissance, la fidélité et la discipline.

Si nous avons à nous plaindre, plaignons-nous pour nos propres péchés devant nous-mêmes.

Rattachons-nous à Dieu et nous aurons un avenir plein de paix et de bonheur. Et sachons-le tous que ce n'est plus le temps de nous plaindre, mais celui de servir Dieu.

Il n'y a pas de paix sans épreuves !

CONCLUSION

CONCLUSION

Ce n'est plus le temps de nous plaindre contre Dieu, mais le moment de nous rattacher à Lui pour accomplir la mission que nous avons reçue de lui.

Chacun de nous est responsable de ce qui lui arrive car personne d'autre ne pourra prier à notre place tous les jours et pour tout ce qui nous arrive. Chacun de nous est responsable de sa relation avec Dieu et avec son prochain.

La faute n'est pas seulement chez les autres. Elle aussi de fois de notre côté!

Nettoyons notre cœur et notre bouche, car c'est de l'abondance du cœur que la bouche parle.

Deviens la bouche de Dieu en commençant par te plaindre de tes propres péchés et en te rattachant à Lui, de qui nous sommes issus tous et vers qui nous cheminons lentement mais sûrement.

Les paroles de Dieu que nous avons reçues de lui sont à mettre en pratique dans notre vie de tous les jours pour être de vrais témoins de Dieu.

C'est Dieu qui va t'établir devant sa face. Si en lisant cet ouvrage, vous vous rendez compte que vous avez abandonné sa mission à cause des incommodités sur la route de la vie, j'ai un message pour vous:

Revenez au Seigneur. Rattachez-vous à lui et plaignez-vous pour vos propres péchés et Dieu vous exaucera. Il fera de vous sa bouche et vous établira devant lui comme une colonne.

Etre la bouche de Dieu, c'est être son témoin et sa réponse pour les autres. Quand il voudra agir pour les autres, il le fera par vous car vous êtes sa bouche.

Celui qui est attaché à Dieu, aura Dieu comme son nom, sa richesse et sa sagesse.

Si nous cherchons de l'argent, nous devons d'abord chercher Dieu et plus encore. Car il sait où se trouve le trésor de ce que nos cœurs désirent dans ce système des choses et dans celui à venir.

La Parole de Dieu vaut plus que mille objets d'or et mille objets d'argent, comme le dit Psaumes 119 :72.

Dieu peut ainsi vous répondre !

Que cherches-vous ?

Cherchez d'abord le royaume des cieux et sa justice, comme stipulé dans Mathieu 6 :33.

D'abord le royaume des cieux et sa justice et le reste sera donné par surcroît.

Telle est l'échelle des valeurs dans les choses divines. Et quand tu fais du royaume des cieux ta priorité, Dieu répondra à tes besoins selon le désir de ton cœur et sur ton sentier brillera la lumière.

Les ténèbres fuiront la lumière de l'exaucement de tes prières si tu t'accroches à Dieu.

Et c'est Dieu lui-même qui te fera briller comme une lumière dans les ténèbres.

Reste donc attaché à Dieu comme le sarment est attaché au cep pour produire du fruit selon la semence et pendant la bonne saison. Et Dieu sera ton secours qui ne manque jamais en temps de détresse.

Si tu es attaché à Dieu, tu seras béni avec ta famille, ton église locale, ta société et toute ta nation.

L'AUTEUR

L'AUTEUR

Pasteur Jacques TSHIMUBA, marié à **Naomi TSHILUMBA** et père de 5 enfants, reçu son baptême alors encore adolescent dans l'Eglise « **Viens & Vois** », dans la ville de Lubumbashi vers les années 1981-1982.

Il a évolué pendant longtemps selon les enseignements reçus du feu Révérend **Pasteur LUKUSA Albert**. Il fut ainsi formé et entraîné, comme un jeune gagneur d'âmes.

Il a été aussi formé dans la prière à la « **J.T.L.** » comme intercesseur. Et il était responsable de la cellule de prière au Bâtiment Granat pendant un certain temps.

En 1995, il quittera cette ville pour se rendre à Kinshasa via Mbuji-Mayi il a eu la grâce de travailler avec le « **Full Gospel** », l'Eglise **MAWOS Francophone**, ainsi que l'Eglise **RHEMA** comme jeune évangéliste.

Quelques mois après, il s'est rendu à Kinshasa vers la fin de la même année où il a œuvré sous le leadership de feu Apôtre Dieudonné **N'ZENGU SAPU** au sein de la « **Cité de Refuge** » jusqu'en 2003.

Entretemps, un contact fut établi avec le **Bishop Joseph ALEXANDER** des Etats-Unis. Il fut alors Co-fondateur des Ministères du Réseau Global pour la Nouvelle Alliance de 2003 à 2005.

Par la suite, poursuivant sa marche sous la couverture spirituelle du feu **Apôtre Dieudonné N'ZENGU SAPU**, ce dernier le reconnaîtra officiellement par imposition des mains, dans le ministère pastoral en octobre 2013.

En 2007, il implante l'Eglise « **BATIR SUR LE ROC** », où il dispense la Bonne Nouvelle de Jésus jusqu'à ce jour et dont la vision date des années 1997. Il fallait attendre le temps de Dieu !

L'Auteur

Pour tout contact

Pasteur Jacques TSHILUMBA

Whatsapp: +243815067777

Email:jacquestshilumba@gamail.com

You Tube: Bâtir Tv

TABLE DES MATIERES

TABLE DES MATIERES

Préface 05

Dédicace et Remerciements 08

Introduction 12

Chapitre 1

Aperçu historique et exégétique 22

- Signification 22
- Appel de Jérémie 22

Chapitre 2

La Plainte contre Dieu 25

- Se plaindre pour ses propres péchés 29
- Se tenir debout dans sa présence 35
- Devenir la bouche de Dieu 37

Chapitre 3

La mission 45

- Compter seulement sur Dieu 49
- Confession de foi 53
- La Vengeance 56

Chapitre 4

Projet de Dieu 64

Chapitre 5
Le Sarment et le Cep 73

Conclusion 83
Auteur 88
Table des Matières 92

Printed by Books on Demand GmbH, Norderstedt / Germany